자살위기의
이해와 개입

On - Scene Crisis Intervention

현장에서의 위기개입

Suicidal Crisis

자살위기의 이해와 개입

목 차
Contents

01

자살행동의 이해

자살의 정의

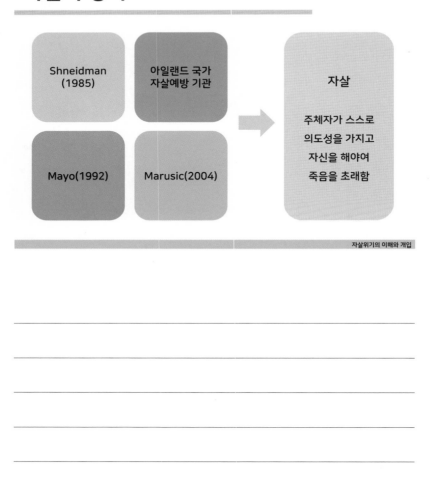

_____

_____

_____

_____

_____

_____

자살의 용어 (이혜선 등, 2008)

자살행동	자살 생각, 죽을 의도가 없는 자해, 자살시도를 포함한 자살과 관련 있는 활동들의 스펙트럼
자살생각	죽을 의도를 가지고 스스로 목숨을 끊는 것에 대해 생각하는 것
자살의도	특정한 수단으로 어떤 결과(죽음)를 유발하려는 목적을 포함
자살계획	자살을 완결하려는 구체적인 방법이나 일시, 장소 등에 대한 계획

자살의 용어 (이혜선 등, 2008)

자살시도	죽을 의도가 있는 상태에서 잠재적으로 해가 되는 행동을 스스로에게 하는 것
고의적 자해	치명적이지 않은 결과를 수반한 행동으로 다른 사람의 개입 없이 고의적으로 하는 비습관적인 행동
자살위협	직접적으로 자해행위를 하지는 않으나 자살관련행동을 할 것이라고 언어적·비언어적으로 암시하거나 그렇게 해석될 수 있도록 의사를 전달하는 것
위험요인, 보호요인	자살위기에 처한 사람들이 자살행동을 하게 하거나, 그렇지 않게 해주는 여러 가지 요인들

자살의 역학

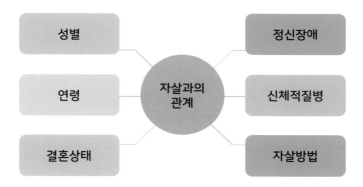

,

_____

_____

_____

_____

_____

자살위기의 특성

1) 자살위기상태의 심리적 특성

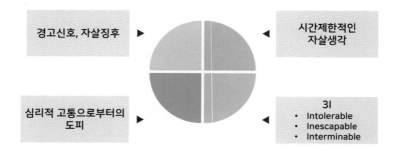

자살위기의 특성

1) 자살위기상태의 심리적 특성

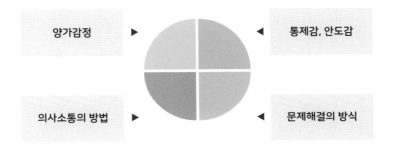

_____

_____

_____

_____

_____

_____

자살위기의 특성

1) 자살위기상태의 심리적 특성

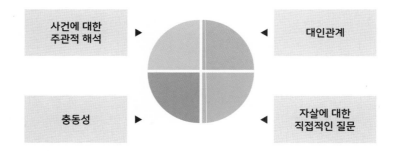

자살위기의 특성

2) 자살의 경고신호

[일반적인] 자살 경고 신호들	• 수면, 식욕 등의 일상적 행동패턴의 변화 • 흥미 감소 • 집중의 어려움, 사소한 결정의 어려움 • 기능 저하 • 음주, 흡연의 증가 • 대인관계 감소, 관계의 철수 • 어긋났던 관계 개선 노력, 신변정리 • 감정 상태의 변화

자살위기의 특성

2) 자살의 경고신호

[심각한]
자살 경고 신호들

- 자살할 것이라는 직접적·간접적 언급
- 자살을 암시하는 행동들
- 자살에 사용할 도구 확보와 구체적 계획을 세움
- 죽음과 관련된 영화, 음악, 시, 소설 등에 과도하게 몰입
- 평소 소중히 여기던 물건을 나누어 줌
- 일상적이지 않은 행동
- 흐트러진 외모

자살위기의 특성

3) 자살의 단서

언어적 단서들	"죽기로 마음 먹었어." "죽고 싶어." "자살할 거야." "전부 정리할 거야." "만일 (어떤 일이) 일어나지 않으면, 난 죽어버릴 거야." "난 너무 지쳤어. 더 이상 버틸 수가 없어." "우리 가족들은 내가 없는 편이 더 나을 거야." "내가 죽어도 누가 신경이나 쓰겠어?" "도망치고 싶어." "더 이상 견딜 수가 없어." "이제 곧 나에 대해서 걱정할 필요 없게 될 거야."

자살위기의 특성

3) 자살의 단서

행동적 단서들	
	• 이전의 자살 시도
	• 멍 때리는 시간이 증가함
	• 약을 모으거나 자살관련도구를 구입
	• 동반된 우울감 또는 절망감
	• 개인적 일들을 정리
	• 소중히 여기던 물건을 다른 사람에게 줌
	• 갑자기 종교에 관심 보이거나 관심이 없어짐
	• 약물이나 알코올 남용 또는 이로부터 회복되었다가 재발
	• 예측할 수 없는 분노, 공격성, 불안정성

자살위기의 특성

3) 자살의 단서

상황적 단서들	• 잦은 지각, 결근 • 식사를 하지 않으려 함 • 동료들과 어울리려 하지 않음 • 중요한 관계의 상실 • 중요한 관계의 심각한 갈등 • 심각한 질환을 앓고 있다는 진단을 받음 • 갑자기 처벌 받게 되거나 법률 문제에 연루됨 • 심각한 경제적 어려움이 예상되는 상황 • 다른 사람에게 짐 될 것에 대해 두려움 느낌

02

자살위기로 인한 반응

정서적 반응

정서적 반응에서 고려해야 할 사항들

- 정서와 기분

- 언어적, 비언어적 행동 사용

- 음색

정서적 반응

자살위기개입자의 역할

- 정서적 분출을 도와라 ── 분노를 경험하는 경우
  ├── 불안을 경험하는 경우
  └── 슬픔을 경험하는 경우

- 질문하기

인지적 반응

인지적 반응에서 고려해야 할 사항들

- 사고방식
  - 세부사항에 너무 몰두하는 경우
  - 대화도중에 중단하거나, 완전히 다른 주제에 대해 이야기하는 경우
  - 덜 고통스러운 부분만 이야기 하는 경우
  - 정보를 재생할 수 없는 경우

- 사고내용

인지적 반응

자살위기개입자의 역할

- 자살위기에 처한 사람의 관점에서 이해하라

- 정확한 평가를 위한 문제점들을 점검하라

- 자살위기개입자의 경험에 따른 인지적 판단을 강요하지 마라

- 구체적이고 직접적인 질문을 하라

- 여러 가지 방법으로 정보를 구하라

- 개방형 질문을 하라

행동적 반응

행동적 반응에서 고려해야 할 사항들

- 평가과정
- 사고방식 ── 접근적 행동반응
  ── 회피적 행동반응
  ── 부동적 행동반응
- 적응적 대처기제

행동적 반응

자살위기개입자의 역할

- 자살위기에서의 행동의 의미를 성급하게 해석하지 마라

- 성급한 결론을 내리지 마라

_____

_____

_____

_____

_____

_____

03

자살위험성평가 및 분류

자살위험성평가

1) 정신적 상태 파악

- 언어적 상태: 질, 양, 흐름, 구조 등
- 인지적 상태: 사람, 장소, 시간에 대한 인식, 통찰, 판단력, 기억력, 지적기능, 사고의 주제/내용 등
- 정서적 상태: 지배적인 기분, 적절성, 웃음, 도취상태, 우울, 화, 공격성, 불안, 두려움 등
- 외모: 단정함, 청결함, 기행, 일반적이지 않은 신체적 특징 등
- 행동: 얼굴표정, 자세, 움직임, 대인관계 상호작용 등

_____

_____

_____

_____

_____

_____

자살위험성평가

2) 직접적 평가

- 자살생각에 대한 직접적 질문
- 자살계획 및 치명성
- 자살시도 과거력 및 가족의 자살에 관한 과거력
- 정신장애 과거력
- 사회적 지지
- 신체적 건강상태
- 음주 및 흡연
- 위험요인
- 보호요인

* 위험요인 및 보호요인

- 성격적 특성
- 사회적 지지망
- 희망
- 소속감
- 종교적 믿음
- 개인의 심리적 강점
- 건강한 신체
- 안정적인 직장 및 경제적 안정성

- 연령, 성별
- 학대경험
- 심리적 요인
- 경제적 요인
- 사랑하는 사람과의 이별, 사별
- 의미 있는 상실

- 성격상의 특징
- 대인관계의 변화
- 정신장애 및 지적 상태
- 자살관련 성격장애
- 사회적 지지 부족
- 음주 및 약물 의존상태

자살위험성평가

3) 간접적 평가

- 심리검사의 활용
- 측정도구
  - 한국판 자살생각 척도(KBSI)
  - 자살생각 척도(SSI)
  - Beck의 절망감 척도(BHS)
  - Beck의 우울 척도(BDI-II)
  - 사회적 지지 척도
  - 대인관계 욕구 질문지(INQ-R)
  - 한국형 알코올 중독 선별검사(NAST)

자살위험성평가

4) 면접을 통한 자살위험성평가 – 3단계 자살위험성 평가

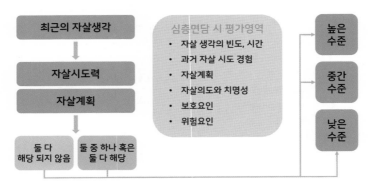

자살위험성평가

4) 면접을 통한 자살위험성평가 – 4단계 자살위험성 평가

급박한
자살위험
수준 ⇒

- 강렬하고, 지속적인 자살생각을 함
- 분명하고 구체적인 자살계획을 가지고 있으며, 사용할 수단을 확보하고 있음
- 분명한 자살의도를 가지고 있음
- 이전에 치명적인 자살시도를 한 적이 있음
- 폭음을 하거나, 약물복용을 하고 있음
- 정서적으로 매우 불안정하며, 심한 정서적 고통을 호소함
- 사회적으로 고립되고 있으며, 주위에 도움을 요청할 가까운 사람이 없음

자살위험성평가

4) 면접을 통한 자살위험성평가 – 4단계 자살위험성 평가

높은
자살위험
수준

→

- 빈번하고, 지속적인 자살생각을 함
- 분명하고 구체적인 자살계획을 가지고 있음
- 분명한 자살의도를 보이거나, 자살의도에 대해 보고하지는 않지만, 객관적으로 자살의도가 확인됨
- 심한 음주나 흡연 등 자기행동을 통제할 능력이 손상되어 있고, 충동적인 양상을 보임
- 정서적으로 매우 불안정하며, 심한 정서적 고통을 호소함
- 사회적으로 고립되고 있으며, 주위에 도움을 요청할 가까운 사람이 없음

자살위험성평가

4) 면접을 통한 자살위험성평가 - 4단계 자살위험성 평가

중간
자살위험
수준

- 자살에 대해 자주 생각함
- 자살계획이 모호하거나 구체적인 준비를 하지 않았음
- 자살의도를 보이고 있으나 자살에 대한 양가감정이 남아 있음
- 정신장애에 대한 약간의 증거가 있을 수 있으나, 심한 불안증상을 보이지 않음
- 음주를 조절하지 못하는 등 충동적인 행동을 할 가능성이 있음
- 이용할 수 있는 사회적 지지체계를 포함하여 몇몇 보호요인이 존재함

자살위험성평가

4) 면접을 통한 자살위험성평가 – 4단계 자살위험성 평가

낮은
자살위험
수준

- 자살에 대해 간헐적으로 생각함
- 구체적인 자살계획을 세우지 않음
- 자살의도가 분명하지 않으며, 자살에 대한 양가감정이 남아 있음
- 불안정한 심리적 상태일 수 있지만, 자기 통제가 가능함
- 위험요인의 수가 적고, 사회적 지지체계를 포함한 보호요인이 존재함

자살위험성평가

4단계 자살위험성평가 별 행동계획

급박한
자살위험
수준

- 자살의 치명적인 수단을 제거하고 접근을 제한하여 안정성을 확보하기
- 일단 안정이 되면 즉각적 치료체계 수립하기
- 가족에게 도움을 청하고 사회적 네트워크 형성하기
- 정신과 입원 및 치료

자살위험성평가

4단계 자살위험성평가 별 행동계획

높은
자살위험
수준

⇒

- 정서적 고통을 완화시키기
- 면접 후 안전계획을 신속하고 즉각적으로 수립하기 위해 24시간 지지하고 사후관리하기
- 자살의 치명적인 수단을 제거하고 접근을 제한하기
- 일단 안정이 되면 정신건강이나 심리사회적 문제, 위기예방 전략들에 대한 전체적인 평가 실시하기
- 가족의 도움을 청하고 사회적 네트워크 형성
- 치료체계 수립

자살위험성평가

4단계 자살위험성평가 별 행동계획

중간
자살위험
수준

→

- 정서적 고통을 완화시키기
- 72시간에서 1주일 사후관리하기
- 안정이 되면 정신건강이나 심리사회적 문제, 위기 예방 전략들에 대한 전체적인 평가 실시하기
- 가족에게 도움을 청하고, 사회적 네트워크 형성

자살위험성평가

4단계 자살위험성평가 별 행동계획

낮은
자살위험
수준

⮕

- 자살 관련된 사후관리가 특별히 요구되지는 않음
- 정서적 고통을 완화시키기
- 정신장애 여부를 탐색하기
  - 만일 있다면 치료계획 마련

[자살의 위험성평가 시 주의사항]

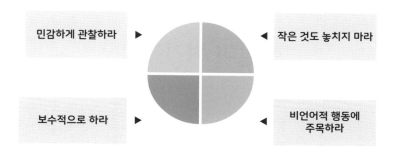

민감하게 관찰하라 ▶

◀ 작은 것도 놓치지 마라

보수적으로 하라 ▶

◀ 비언어적 행동에
주목하라

04

자살의 위기개입

자살위기 개입자의 역할

자살위기 개입자들이
명심할 사항들

- 급박한 상황에서 최대한 시간을 유지하라

- 도움을 청한 것이 옳았다고 느끼게 하라

- 자살단서에 주목하라

- 경청하라, 공감하라

- 반드시 질문하라

- 개입 시 거짓말을 하지 마라

- 수동적으로 대처하지 마라

- 과도하게 반응하지 마라

- 비밀보장 때문에 자살생각을 비밀로 하지 마라

자살위기의 이해와 개입

자살위기 개입자의 역할

자살위기 개입자들이
명심할 사항들

- 너무 빠르게 개입을 종결하지 마라

- 이용 가능한 자원을 탐색하고 평가하도록 하라

- 기록으로 남겨라

- '함께 있어 주는 것'이 중요하다

- 자살이 문제에 대한 해결책이 아님을 확신시켜라

- 혼자 해결하지 마라. 팀을 이루도록 하라

- 완전히 책임질 수 없다는 사실을 인정하라

- 안전계획동의서를 만들어라

- 사후관리를 잊지 마라

_____

_____

_____

_____

_____

자살위기 개입자의 역할

자살위기 개입자들의
소진의 증상

- 신체적 증상: 피로, 수면문제, 두통, 위장장애 등
- 정서적 증상: 예민, 불안, 우울, 무기력, 무가치함 등
- 행동적 증상: 냉소적, 알코올 및 약물 남용, 공격성,
  과잉행동 등
- 기능적 증상: 지각, 조퇴, 결근, 장기 결근, 업무 효율
  저하, 실적 저하 등

자살위기 개입자의 역할

자살위기 개입자들의
소진을 위한 개입

- 슈퍼바이저 혹은 멘토를 만나도록 하라

- 동료들과 감정을 다루고 도움을 청하라

- 개인상담

- 자신의 솔직한 개인적 욕구를 인식하라

- 전문성의 한계를 인식하라

- 개방적인 태도를 가지도록 하라

- 비합리적 목표와 기대를 수정하도록 하라

- 자기관리를 강화하도록 하라

자살의 위기개입 모델(SAFER-R MODEL)

안정화	위기 인정하기	이해 촉진하기	효과적인 대처권장하기	회복/의뢰
(stabilize)	(acknowledge the crisis)	(facilitate understanding)	(encourage effective coping)	(recovery / referral)

(Everly, 1996)

자살의 위기개입 모델(S: 안정화)

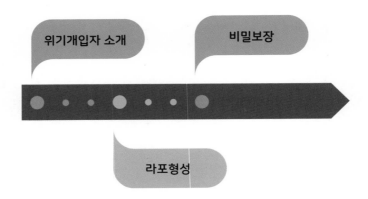

자살의 위기개입 모델(S : 안정화)

"안녕하세요, 저는 ○○○ 센터에서 일하는 ○○○입니다.
오늘 ○○○씨의 이야기를 듣고 도움이 되어 드렸으면 합니다.
제가 도와드릴 수 있는 부분이 있다면 도와드리고 싶습니다.

우선 오늘 저하고 나누는 면담 내용은 절대 어디에도 나가지 않을 겁니다.
그렇지만 ○○○씨께서 자살 혹은 살인에 대한 내용과 법적인 문제와 연관
이 되는 이야기는 비밀을 보장해 드릴 수 없습니다. 그렇게 하는 이유는
○○○씨를 보호하려는 것입니다.

○○○씨가 현재 어려움을 겪고 계시는 이야기를 듣고 싶어요.

가능하다면, 저와 함께 그 어려움들을 해결해 보도록 하면 어떨까요?

해보시겠습니까? 제가 옆에서 돕겠습니다."

자살의 위기개입 모델(A: 인정하기)

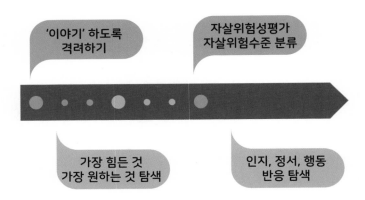

자살의 위기개입 모델(A : 인정하기)

"자살생각을 하기 전에 어떤 일들이 있었는지 이야기해주시겠어요?
무엇이 죽고 싶을 만큼 힘드셨나요? "

"당신의 자살생각에 대해서 자세히 이야기해주실 수 있으시겠어요?
얼마나 자주, 얼마나 오랫동안 하나요? 자살생각을 통제할 수 있나요?

"자살계획은 세우셨나요? 하셨다면 어떤 방법을 생각해 보셨나요?
언제, 어디서, 어떻게 하려고 하셨나요?"

"이전에 자살을 시도한 적이 있으셨나요? 몇 번이나 하셨나요?
그렇다면 이전에 어떤 방법으로 자살하려고 하셨나요? 시도 후 어떤 생각을 하
셨나요? 어떤 반응들을 경험하셨나요?"

"자살로 어떤 변화를 원하셨나요? 정말 죽고 싶었나요?"

"자살생각을 통제하실 때 어떤 생각이 가장 효과적이었나요?"
"어떤 생각을 하실 때 자살생각이 가라 앉으셨나요?"

자살의 위기개입 모델(F: 이해 촉진하기)

정상화하기

자살의 위기개입 모델(F: 이해 촉진하기)

"많이 힘드셨겠어요. 그렇게 힘든 상황을 경험하시면 자살생각이 들 수 있습니다. 당신이 이상하거나 나약해서가 아니라 그런 상황이라면 그러실 수 있어요."

"현재 경험하시는 심리적 고통이 자살생각이 들만큼 힘드셨던 같습니다."
"현재 경험하시는 반응들은 이상한 것이 아니라 그런 상황에서 자연스러운 것일 수 있어요. 많이 힘드셨겠습니다."

"좀 더 구체적으로 그 반응들에 대해서 이야기 해주시겠습니까?"
"제가 어떤 도움을 드리면 좋을까요?"

자살의 위기개입 모델(E: 효과적인 대처 권장하기)

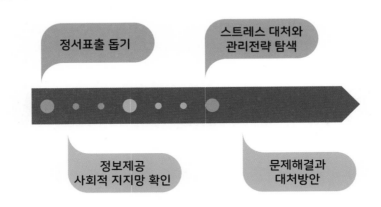

정서표출 돕기

스트레스 대처와
관리전략 탐색

정보제공
사회적 지지망 확인

문제해결과
대처방안

자살의 위기개입 모델(E: 효과적인 대처 권장하기)

"편안한 맘으로 말씀하세요. 힘드시면 말씀하십시오."
"현재 어떤 느낌이신지 구체적으로 설명해주시겠어요?"

"네, 그런 이유로 매우 화가 나셨나 봐요."
"제 느낌엔 ○○씨가 많이 슬프실 것 같아요."
"~~한 이유로 화가 많이 나셨네요. 얼마나 화가 나셨는지 이야기 해주시겠습니까?"

"그 슬픔을 충분히 표현하셔도 괜찮습니다.
눈물이 나시면 우셔도 괜찮습니다. 충분히 시간을 가지십시오."

자살의 위기개입 모델(E: 효과적인 대처 권장하기)

> "○○○씨, 이전에 이렇게 힘든 일이 있을 때, 어떻게 해결하셨습니까?"
>
> "스트레스가 심할 때는 어떤 방법으로 해결하셨습니까? 주로 대처하는 방법들을 말씀해 주세요."
>
> "지금 ○○○씨가 하실 수 있는 대처 방법이 어떤 게 있을까요?"
>
> "어떤 방법을 사용하시면 지금 힘든 맘이 좀 가라앉을 수 있을까요?"
>
> "만약 ○○씨 친구분이 지금 같은 상황이라면, 뭐라고 이야기 해 주실래요?"
>
> "잠을 못 주무시는 게 가장 힘들다고 하셨죠? 이전에 잠을 잘 못 주무실 때 어떻게 하셨어요? 술 드세요? 커피는요?
>
> 커피나 술은 숙면을 방해해요. 조금 줄여보실 수 있을까요?"

자살의 위기개입 모델(E: 효과적인 대처 권장하기)

"제가 그 상황을 해결할 수 있는 건 아니지만, 죽는 방법 말고 다른 대안이 있는지 ○○○씨와 같이 이야기하고, 방법을 탐색해 볼까요? 어떠세요?"

" ○○씨는 현재 너무 힘드셔서 그 문제가 해결할 수 없을 거라고 인식되어서 죽음을 선택하고 싶어 하시는 걸 수 있습니다. 심적 고통이 너무 크면 그럴 수 있습니다."

"혹시 그 문제에 대해 구체적으로 이야기해 볼 수 있을까요?"
"어떠세요? 더 많은 대안을 구체적으로 의논해 볼까요?"
"혹시 이 방법들 중에 ○○씨가 적용해 볼 수 있는 것이 있을까요? "
"이 대안들 중 어떤 것을 지금 해보실 수 있겠어요?"

자살의 위기개입 모델(R: 회복/의뢰)

지속적 도움을
받도록 격려

사회적 네트워크 형성
정보제공, 의뢰

자기모니터링
방법 제공, 평가

_____

_____

_____

_____

_____

_____

자살의 위기개입 모델(R: 회복/의뢰)

"○○○씨가 죽고 싶다는 생각이 들 때 연락 가능한 분들이 있으세요?"

"○○○씨, 원하신다면 상담센터, 병원을 연결해 드릴 수 있습니다. 어떠세요?"

"○○○씨가 자살생각이 날 때 해볼 수 있겠다고 하신 방법들, 기억나시죠?
회기 중에 같이 의논한 안전계획동의서요.
가장 먼저 어떤 걸 해보시겠다고 했죠? 네, 사람들 많은 곳으로 나간다고 하셨죠? 그게 자살생각을 멈추게 하지 않으면 다음 방법이 뭐였죠?"

한 가지씩 해보시고, 그래도 힘드시다면 망설이지 마시고 가지고 계신 전화번호들로 연락하세요. 해보실 수 있겠습니까?"

"네, 힘드실 때 도움 청할 곳이 있다는 걸 꼭 기억하시면 좋겠습니다."

기본적인 자살위기 개입

S	위기개입자 소개, 비밀보장, 진행과정에 대해 이야기하기
A	이야기하기, 자살위기 평가
F	정상화/타당화하기, 상황에 대한 반응의 이해와 탐색
E	이전의 대처전략, 현재 대처자원 탐색, 외부 지지세력 확인
R	정보제공, 전문가에게 의뢰, 추후관리 계획

부록

현장에서의
위기개입의 실제

자살 위기영역

자살 위기 개입 사례 영상

　이정민 씨(가명)는 35세 직장인 남성이다. 몇 달 전부터 3년 가까이 사귄 여자 친구의 태도가 변하기 시작했다. 연락도 잘 안 되고 만남의 횟수도 급격히 줄었기 때문이다. 답답하고 화가 났지만 헤어지자고 할까 봐 참는 수밖에 없었다. 친구에게 들은 이야기로는 최근 여자 친구가 같은 직장 상사와 극장에서 데이트하는 것을 봤다고 했다. 확인하려 했지만 카톡도 받지 않는다. 만나서 확인하고 싶어 회사 앞에서 기다리다가 둘의 만남을 보고 말았다. 이정민 씨는 6살 때, 엄마가 집을 나가는 것을 본 기억 때문에 누군가가 자신을 떠나는 것이 매우 불안하고 힘들다. 고등학교 시절에도 여자 친구가 헤어지자고 일방적으로 말하고 떠난 이후 진정제 한 움큼을 먹은 적이 있다. 대학교 때는 새로 사귄 여자 친구가 유학을 가고 난 후 엄청난 충격으로 휴학을 하고 은둔생활을 하기도 하였다. 그래도 자신을 잘 추슬러 졸업도 하고, 대기업에 취직을 하였으나 여전히 여자 친구를 사귀거나 누군가와 관계 맺는 것이 어려웠다. 떠날까 봐 전전긍긍하는 게 싫었고, 집착하는 자신의 모습을 보는 것도 괴롭다. 어머니가 떠난 이후, 아버지는 암으로 돌아가셨고, 일가친척도 없다.

예전의 그 아픔이 되살아났고, 우울해지면서 회사 업무를 하는 게 힘들어졌다. 집중도 되지 않고, 번번이 지각을 하였으며 죽고 싶은 생각을 통제할 수가 없게 되었다. 여자 친구와 1000일 기념 여행을 가려고 알아봤던 제주도 펜션에서 술을 마시고 약을 먹고 죽을 계획을 세워 놓았다. 약은 병원에서 우울증약과 수면제 처방받은 약들을 모아두었고, 사직서, 유서도 써놓았다. 자신이 너무도 무가치하게 느껴지고 아무에게도 사랑받지도, 누구를 사랑할 수도 없을 것 같다. 너무나 외롭고 힘들어 죽고 싶은 생각뿐이다.

4일 동안 무단결근을 하고, 동료들의 연락을 받지 않고, 카톡 확인도 하지 않아 위기개입 훈련을 받은 인사부 직원 ○○ 과장이 개입하게 되었다. 주변 동료들의 면담을 통해 최근 업무 수행을 어려워했던 점, 회사 동료들과 관계를 맺지 않기 시작하였고 극심하게 우울해 보인 점, 여자 친구와 헤어진 사실과 SNS상에 의미심장한 말들이 남겨져 있는 것을 확인하였다. 위기개입팀을 구성한 후 이정민 씨의 집으로 찾아갔다.

※ SAFER-R MODEL 개입

안정화 단계(stabilize)

− 위기개입자: 안녕하세요? 전 인사관리 위기개입팀 이성진(가명) 과장입

니다. 최근 이정민 씨(가명)가 무단결근을 하고 동료들과 연락이 닿지 않아 걱정이 되어서 찾아왔습니다. 혹시 저와 이야기 좀 나누어 볼 수 있을까요? 전 회사에서 나오긴 했지만 오늘 나누는 대화의 내용은 절대 다른 곳에서 이야기하지 않을 겁니다. 다만, 자신과 타인을 해치는 것이나 법과 관련된 것은 비밀을 보장할 수 없습니다. 하지만 그것이 이정민 씨에게 회사 내 불이익을 주기 위함이 아니라 이정민 씨를 돕고자 하는 것이니 절 믿어 주시면 좋겠습니다.

- 자살위기에 처한 사람: 아, 네···. 별일 아닙니다. 괜찮은데···. 다음에 제가 연락드리면 안 될까요? 지금은 좀 그런데···.
- 위기개입자: 그저 이야기만 잠시 해보는 건 어떨까요? 시간은 10분에서 15분정도면 됩니다. 현재 어떤 어려움이 있는지 누군가와 이야기하고 싶다면요. 실례가 안 된다면 커피라도 주실 수 있으세요? 힘드실까요?
- 자살위기에 처한 사람: 정 그러시다면 잠깐 들어와서 커피나 한 잔 하고 가세요.
- 위기개입자: 감사합니다. (자리에 앉아 물이 끓기를 기다린다)
- 자살위기에 처한 사람: 드릴 게 커피밖에 없네요. 드릴 말씀이 별로 없는데. 그저 좀 개인적인 사정 때문에 다른 사람들과 만나지 않고 쉬고 싶었는데 주위사람들에게 걱정을 끼친 것 같습니다. 저라는 사람이 늘 그래요. 누군가에게 부담을 주는 존재예요.

위기인정 단계(acknowledge the crisis)

- 위기개입자: 구체적으로 이야기 해주시면 제가 정민 씨를 이해하는 데 도움이 될 것 같아요.
- 자살위기에 처한 사람: 늘 그랬던 것 같아요. 어릴 때부터···.
- 위기개입자: 어릴 때부터?

- **자살위기에 처한 사람**: 그냥 그랬던 것 같아요. 난 누군가에게 늘 부담을 주고 쓸모없는 존재인 것 같았어요. 사실은 최근에 여자 친구와 헤어졌거든요. 그래서 좀 힘들었어요. 그뿐이에요. 별 문제는 아니에요.

- **위기개입자**: 누군가에게 부담스런 존재인 것처럼 느끼는 것과 여자 친구와 헤어진 것과 관련이 있는 건가요?

- **자살위기에 처한 사람**: 모두 떠나요. 모두 다 떠난다고요. 아시겠어요? (약간 격앙된 목소리로 이야기한다) 괜찮아요. 다 떠나라고 하죠 뭐. 어차피 전 늘 혼자였어요.

- **위기개입자**: 최근 여자 친구와 헤어지기 전에도 누군가가 떠난 적이 있었나 봐요.

- **자살위기에 처한 사람**: 모두 다요. 엄마, 아빠, 전에 사귀던 여자 친구들 모두 다 떠났다고요.

- **위기개입자**: 그랬군요. 그래서 정민 씨가 자신과 관계를 가지는 사람들은 모두가 떠났고 최근 여자 친구까지 떠나면서 자신이 누군가에게 부담을 주는 것 같아 화가 많이 나고 많이 힘드셨나 보군요. 그래서 회사에서 일에도 지장이 있으셨나요?

- **자살위기에 처한 사람**: 그랬던 것 같아요. 집중도 안 되고, 한숨만 나고, 멍 때리는 시간이 많았던 것 같아요. 그런데, 사실 너무 아파요…. 마음이. 그래서 내가 너무 무가치하게 느껴져요.

- **위기개입자**: 그러실 수 있어요. 모두가 떠난 것 같아 너무 외롭고 자신이 쓸모없게 느껴지면 심리적으로 고통스러우실 수 있어요. 그런데, 그렇게 심리적으로 고통스러울 땐 죽고 싶기도 한데, 정민 씨는 어떠세요?

- **자살위기에 처한 사람**: 죽고 싶어요. 정말이지 아침에 눈을 뜨지 않았으면 좋겠어요. 눈을 뜨는 순간 이 세상을 살고 싶지 않다는 생각이 들어요.

- **위기개입자**: 혹시 이전에 자살시도를 한 적이 있어요?

- 자살위기에 처한 사람: 음…. 고등학교 때 첫 여자 친구가 떠나고 자살 시도 비슷하게 했어요.

- 위기개입자: 어떤 방법으로 하셨어요?

- 자살위기에 처한 사람: 진정제 30알정도를 먹었던 것 같아요. 그 정도로는 죽지도 못하는데 말이에요. 그래도 정말 죽고 싶었거든요.

- 위기개입자: 그러셨군요. 약을 먹고 난 후 깨어났을 때 어떠셨어요?

- 자살위기에 처한 사람: 멍 했던 것 같아요. 하지만 여전히 마음이 아팠던 것 같네요.

- 위기개입자: 그 후에도 자살시도를 한 적이 있었나요?

- 자살위기에 처한 사람: 아니요. 그 후엔 그런 적 없었어요. 누군가 떠난 후엔 다시 죽고 싶다는 생각은 했었지만 하지 않았어요. 잘 견디고 살았어요. 대학도 가고, 직장도 잘 다녔어요.

- 위기개입자: 잘 견디며 살아왔는데, 이번엔 더 많이 힘들어 자살생각이 많이 드나 봐요. 그렇다면 자살하기 위해 계획은 세우셨나요?

- 자살위기에 처한 사람: … ….(한참 고민한다)

- 위기개입자: 괜찮습니다. 시간을 가지시고 편하게 이야기하세요.

- 자살위기에 처한 사람: 사실은 헤어진 여자친구와 1000일을 기념하기 위해 제주도 펜션에 예약을 해놨었어요. 거기에 혼자 가려고 했어요. 거기서 죽으면 여자 친구가 슬퍼할까 생각했어요.

- 위기개입자: 어떤 약을 얼마나 모아두셨어요?

- 자살위기에 처한 사람: 최근에 처방받았던 우울증 약, 수면제를 좀 모아놨었어요. 유서도 써봤어요. 하지만 아직 어쩌려고 한 건 아니에요. 그냥 그러면 어떻게 될까 생각만 했어요. 너무 괴로워서요. 제가 이상해진 건가요? 미쳐가는 건가요?

- 위기개입자: 아니에요. 충분히 그러실 수 있어요. 절대 미치거나 이상해진 건 아니라고 생각돼요. 충분히 그런 상황에서 자살생각을 할 수 있고, 그 심리적 고통이 이해가 되네요.

- 자살위기에 처한 사람: 그래요? 전 제가 미쳐가는 것 같아 불안하고 무서웠어요. (격렬히 울기 시작한다) 누군가에게 이야기할 수가 없었어요. 내가 미쳤다고 할까 봐요.

이해촉진하기 단계(facilitate understanding)

- 위기개입자: (울 수 있도록 충분히 시간을 준다) 맞아요. 이렇게 자살생각이 들면 불안하고 무섭죠. 아무도 이해할 수 없을 것 같고요. 그럼 지금 정민 씨를 가장 힘들게 하는 건 이러한 심리적 고통 때문에 자살생각을 하고 계획을 세우는 자신이 불안하고 무서운 건가요?
- 자살위기에 처한 사람: 네. 그런 것 같아요. 혼자 어떻게 해야 할지를 모르겠어요. 나도 모르게 자살생각을 하고 있어요. 내가 미쳐가는 것 같아요.
- 위기개입자: 일반적으로 사람들은 위기에 처해있을 때 감정적으로 압도되어 이전에 사용하던 대처방안 등이 생각나지 않고 어떻게 해야 할지 몰라 더 당황하게 되어요. 시야가 좁아지거든요. 지금 정민 씨도 그런 상태일 것 같네요.
- 자살위기에 처한 사람: 정말 그런 것 같아요. 이런 내 자신이 당황스럽고 무서워요.

효과적인 대처권장하기 단계(encourage effective coping)

- 위기개입자: 그러실 것 같아요. 그런데, 정민 씨! 혹시 이전에 다른 여자 친구가 떠났을 때나 감정적으로 압도될 만큼 힘들 상황이었을 때 어떤 방법으로 그 상황을 극복했어요?
- 자살위기에 처한 사람: 음…. 저번 여자 친구와 헤어졌을 때는 친구들이 많이 위로해주었어요. 이야기도 많이 나누었고요. 참, 힘들 때마다

여행도 갔었던 것 같아요. 전 걸으면서 위로가 참 많이 돼요.

－위기개입자: 주위에 좋은 친구들이 많이 있으신가 봐요. 여행가서 많이 걷는 것이 위안이 되는군요.

－자살위기에 처한 사람: 네. 그랬네요. 예전엔 여행도 많이 다녔는데. 지금 생각하니. 그리고 제가 여자복은 없어도 친구복은 좀 있어요. (미소를 지으며 자랑스러워한다) 그러고 보니 모두가 떠난 건 아니었는데….

－위기개입자: 주위 동료분들도 진심으로 정민 씨를 걱정하던데요. 그래서 제가 여기까지 왔고요. 혹시 현재 정민 씨가 혼자 있지 않도록 와서 있어 줄 누군가가 계실까요?

－자살위기에 처한 사람: 글쎄요. 부담스러워하지 않을까요?

－위기개입자: 그건 정민 씨 생각일 수도 있지 않을까요? 지금 정민 씨는 옆에 있어줄 누군가가 필요할 것 같아요. 만약 누군가가 없다면 오늘은 제가 있어드릴 수도 있어요. 어떠세요?

－자살위기에 처한 사람: 네. 한번 연락을 해볼게요….

－위기개입자: 그리고 제 부탁 하나 들어주실래요?

－자살위기에 처한 사람: 네? 뭔데요?

－위기개입자: 아까 약을 모아두었다고 하셨죠? 그 약, 제가 가져가도 될까요?

－자살위기에 처한 사람: … …그러세요. (약을 부엌에서 가져와 위기개입자에게 건넨다)

회복/의뢰 단계(recovery / referral)

－위기개입자: 그리고 정민 씨가 전문가에게 가서 상담을 받아보시는 것도 방법일 수 있을 것 같아요. 상담을 원하시면 제가 의뢰를 해드릴 수 있고요, 의사에게 가고자 하면 그것 또한 의뢰를 해드릴 수 있어요. 혼자 가기 불편하거나 두렵다면 제가 같이 가드릴 수 있어요. 어

떠세요?

― **자살위기에 처한 사람**: 그렇게 해주실 수 있어요?

― **위기개입자**: 그럼요. 물론이죠. 제가 곁에서 도와드릴게요. 오늘 힘든 이야기였을 텐데 마음을 열어주셔서 감사해요. 어떠셨어요? 많이 힘드셨나요?

― **자살위기에 처한 사람**: 아니에요. 제가 감사하죠. 사실 처음엔 집에 못 들어오시게 하려고 했는데…. 막상 말을 하다 보니 한결 편안하네요. 그런데…. 회사엔 어떻게 해야 할까요? 제가 정신이 없어서 무단결석을 해놓은 상태라서…. 사실 사직서도 준비해놓았는데, 딱히 회사를 그만두고 싶은 건 아닌데….

― **위기개입자**: 회사에는 당분간 병가를 제출하시는 것도 방법일 것 같네요. 제가 절차상 방법은 도와드릴 수 있을 것 같아요. 정민 씨의 자살 생각은 보고체계에서 최소한의 인원만 알게 될 겁니다. 걱정하지 않으셨으면 좋겠네요.

― **자살위기에 처한 사람**: 네. 감사합니다.

저자 소개

육성필
고려대학교에서 심리학 석사를 마치고 서울대학교 정신과에서 임상심리학 레지던트 과정을 수료한 뒤 고려대학교에서 심리학 박사를 받았다. 미국 로체스터대학교의 자살예방연구소에서 펠로우과정을 하였다. 서울상담심리대학원대학교 교수로 재직 중이다.

조윤정
서울상담심리대학원대학교(구 용문상담심리대학원대학교) 위기관리전공 석사 졸업 후 동 대학원대학교 위기관리전공 박사를 받았다. 현재 수원시장애인가족지원센터 부설 장애인가족심리연구소 소장으로 근무하고 있다.

위기관리총서 시리즈 3 —현장에서의 위기개입매뉴얼

자살위기의 이해와 개입

초판발행   2019년 2월 25일
중판발행   2022년 9월 15일

지은이   육성필·조윤정
펴낸이   노　현

편　집   김명희·강민정
표지디자인   조아라
제　작   고철민·조영환

펴낸곳   (주) 피와이메이트
　　　　　　서울특별시 금천구 가산디지털2로 53 한라시그마밸리 210호(가산동)
　　　　　　등록 2014. 2. 12. 제2018-000080호
전　화   02)733-6771
ｆ ａ ｘ   02)736-4818
e-mail   pys@pybook.co.kr
homepage   www.pybook.co.kr
　　　　　　979-11-89643-14-0 94370
　　　　　　979-11-89643-12-6 (세트)

정 가   5,500원

박영스토리는 박영사와 함께하는 브랜드입니다.